BEI GRIN MACHT SICH IHR WISSEN BEZAHLT

AF167055

- Wir veröffentlichen Ihre Hausarbeit,
  Bachelor- und Masterarbeit

- Ihr eigenes eBook und Buch -
  weltweit in allen wichtigen Shops

- Verdienen Sie an jedem Verkauf

Jetzt bei www.GRIN.com hochladen und kostenlos publizieren

Der Einfluss der dunklen Triade auf die Arbeitszufriedenheit. Ein wissenschaftliches Exposé

Janina Overbeck

Bibliografische Information der Deutschen Nationalbibliothek:

Die Deutsche Nationalbibliothek verzeichnet diese Publikation in der Deutschen Nationalbibliografie; detaillierte bibliografische Daten sind im Internet über http://dnb.d-nb.de abrufbar.

ISBN: 9783346330338
Dieses Buch ist auch als E-Book erhältlich.

© GRIN Publishing GmbH
Nymphenburger Straße 86
80636 München

Druck und Bindung: Books on Demand GmbH, Norderstedt Germany
Gedruckt auf säurefreiem Papier aus verantwortungsvollen Quellen

Das vorliegende Werk wurde sorgfältig erarbeitet. Dennoch übernehmen Autoren und Verlag für die Richtigkeit von Angaben, Hinweisen, Links und Ratschlägen sowie eventuelle Druckfehler keine Haftung.

Das Buch bei GRIN: https://www.grin.com/document/977775

FOM Hochschule für Oekonomie & Management

Studienzentrum München

Studiengang Betriebswirtschaft & Wirtschaftspsychologie

Eine empirische Untersuchung zum Einfluss der dunklen Triade auf die Arbeitszufriedenheit

Exposé der Masterarbeit zur Erlangung des Grades Master of Science (M.Sc.)

Autor(in):   Janina Overbeck

Abstract

Diese vorliegende Arbeit dient als Exposé der Masterarbeit und hat die dunkle Tirade und deren Einfluss auf die Arbeitszufriedenheit zum Thema. Studien, welche im weiteren Verlauf des Exposés nachzulesen sind, zeigen eine grundlegende Unzufriedenheit der deutschen Arbeitnehmer. Unzufriedenheit kann aus verschiedenen Motiven heraus entstehen. Die einzelnen Facetten der dunklen Triade (Narzissmus, Machiavellismus und Psychopathie) sind kein neues Thema, allerdings ist das zusammengefasste Konstrukt der dunklen Triade ein junges und vielversprechendes Forschungsgebiet. Für die vorliegende Arbeit wurde folgende Forschungsfrage entwickelt. *Inwieweit hat die dunkle Triade Einfluss auf die Arbeitszufriedenheit?* Daraus abgeleitet lassen sich folgende drei Hypothesen formulieren. *H1: Personen mit einer hohen Ausprägung bei Narzissmus haben eine höhere Arbeitszufriedenheit als Personen die bei Narzissmus eine niedrige Ausprägung aufweisen. H2: Personen mit einer hohen Ausprägung bei Psychopathie haben eine höhere Arbeitszufriedenheit als Personen die bei Psychopathie eine niedrige Ausprägung aufweisen. H3: Personen mit einer hohen Ausprägung bei Machiavellismus haben eine höhere Arbeitszufriedenheit als Personen die bei Machiavellismus eine niedrige Ausprägung aufweisen.* Mittels validierter Fragebögen werden die Daten erhoben und es ist von einem positiven Zusammenhang der einzelnen Persönlichkeitsmerkmale mit Arbeitszufriedenheit auszugehen. Das vorliegende Exposé dient dazu das methodische Vorgehen der Masterarbeit zu erläutern.

Keywords: Arbeitszufriedenheit, Narzissmus, Machiavellismus, Psychopathie, dunkle Tirade

Inhaltsverzeichnis

Einführung und Forschungslücke 1

Motivation 3

Theoretischer Hintergrund 3

Stand der Forschung und Hypothesenbildung 7

Vorgehensweise der Untersuchung 8

      Beschreibung der Stichprobe und des Designs 8

      Beschreibung der Durchführung und des Untersuchungsmaterials 10

Erwartete Ergebnisse 11

Vorläufige Gliederung der Arbeit 12

Zeitplan 13

Reflexion des Vorhabens 14

Literaturverzeichnis 15

Abbildungsverzeichnis

Abbildung 1: Die drei Facetten der dunklen Triade (Eigene Darstellung nach Furtner, 2017)............4

Abbildung 2: Interkorrelation zwischen Psychopathie, Narzissmus und Machiavellismus. 5

Abbildung 3: Ermittlung des Stichprobenumfangs (Ausgabefenster, G*Power, 2020) 9

Tabellenverzeichnis

Tabelle 1: tabellarischer Zeitplan (Eigene Darstellung)..13

Einführung und Forschungslücke

In den letzten paar Jahren, wird die Annahme, dass die deutschen Arbeitnehmer eine große Unzufriedenheit bezügliches ihres Jobs haben, immer deutlicher. Die Lage der Unzufriedenheit spitzt sich immer weiter zu. Auf Basis einer Gallup Umfrage wurde festgestellt, dass 2018 ein volkswirtschaftlicher Schaden in einem dreistelligen Milliarden Bereich einzig allein auf die Unzufriedenheit der Arbeitnehmer zurückzuführen ist (Mink, 2018). Diese Fakten veröffentliche Gallup mittels einer Pressemitteilung im Jahr 2018. Allerdings sind dies keine neuen Erkenntnisse, 2016 veröffentliche Avantgarde die Ergebnisse ihrer Studie. 87% der deutschen Arbeitnehmer sind nicht mehr zufrieden mit ihrer aktuellen Position und haben großes Interessen daran den Job und sogar den Arbeitgeber zu wechseln (Avantgarde, 2016). Dass eine extreme Unzufriedenheit bei den deutschen Arbeitnehmer herrscht, unterstreicht Mink, im Jahr 2018 haben bereits fünf Millionen Arbeitnehmer innerlich gekündigt (Mink, 2018). Somit entsteht nicht nur eine anhaltende Unzufriedenheit der deutschen Berufstätigen sondern auch große wirtschaftliche Verluste für die betroffenen Unternehmen. Unzufriedenheit bei den deutschen Berufstätigen, lässt mitunter auf folgendes zurückführen. In den letzten Jahrzehnten hat sich das Bildungssystem stark verändert. Es ist mittlerweile möglich ohne einen Hochschulabschluss zu studieren, der Bachelor und Master haben das Diplom ersetzt und erleichtern somit den Absolventen einen direkten Einstieg in das Berufsleben. Es herrscht ein sehr schnelllebiges Zeitalter, alle zwei Jahre soll der Beruf gewechselt werden, ansonsten wirkt sich das schlecht im Lebenslauf und bei den zukünftigen Arbeitgeber aus. Es lässt also vermuten, dass aus diesem Gefühl heraus, immer wieder vorwärts zu kommen und nicht zu stagnieren, ebenfalls eine Unzufriedenheit entsteht. In der vorliegenden Arbeit soll jedoch nicht die Gründe der Arbeitsunzufriedenheit erörtert werden, sondern es wird das Interesse bezüglich des Einflusses der dunklen Triade auf die Arbeitszufriedenheit in den Fokus gestellt. In der Alltagspsychologie werden Narzissten beispielsweise als selbstverliebt und mit starkem Selbstbewusstsein beschrieben (Twenge & Campbell, 2013). Im Umkehrschluss ist eine Narzisst somit auch automatisch zufriedener mit seiner Arbeit, bzw. müsste hohe Arbeitszufriedenheit aufweisen. In diesem Exposé gilt es, den Einfluss der dunklen Triade auf die Arbeitszufriedenheit mittels einer empirischen Untersuchung zu untersuchen. Narzissmus ist nur eines der drei Facetten. Machiavellismus und Psychopathie vervollständigen die dunkle Triade, welche in den vergangenen Jahren immer mehr an Popularität gewonnen hat. Der aktuelle Trend, nicht mehr nur die singulären Persönlichkeitsbeschreibungen zu betrachten, sondern die dunkle Triade als gesamt Konstrukt heran zuziehen, könnte durchaus an dem mysteriösen, mystischen und geheimnisvollen Konstruktnamen liegen (Schwarzinger & Schuler, 2016). Jedoch werden, obwohl das Konstrukt der dunklen Triade in der letzten Zeit sehr an Popularität gewonnen hat und immer bedeutsamer für die Wissenschaft wurde, nur die einzelnen Teile der Triade im Zusammenhang mit Arbeitszufriedenheit untersucht. Deshalb ist es in dieser empirischen Untersuchung von Interesse, jeweils die einzelnen Bestandteile unabhängig sowie das gesamte Konstrukt im Zusammenhang mit Arbeitszufriedenheit zu untersuchen und die vermuteten Zusammenhänge entsprechend zu interpretieren.

Ziels dieses Exposés ist es, sich mit der geplanten Thema für die Masterarbeit auseinander zu setzen, Einblicke in das Forschungsgebiet zu erhalten und somit das weitere Vorgehen für die Masterarbeit zu planen und zu strukturieren.

Motivation

Eine erschreckende Tatsache war für mich, dass wirklich so viele Menschen in Deutschland mit Ihrem Job nicht zufrieden sind und darüber nachdenken zu kündigen. Doch was steht dahinter. Ist es der Job, also die ausführende Tätigkeit, oder ist der Vorgesetzte. Viele Führungskräfte sind nicht geeignet und können die Stelle nicht ausfüllen. Häufig hört man von Narzisstischen und machiavellistischen Persönlichkeitsmerkmalen welche in den Führungsebenen verankert sind. Dies hat mich zu meiner Themenauswahl gebracht. Betrachtet man die schädlichen Persönlichkeitsmerkmale im Einzelnen, findet man Fragmente davon in sich selbst wieder. In Maßen ist das nicht schlimm, denn jeder von uns trägt z.b. Bestandteile von Narzissmus in sich. Jedoch gibt es viele Menschen unter uns, die alle höhere Ausprägungen in den Persönlichkeitsmerkmalen der dunklen Triade haben. In den letzten Jahren ist das Thema der dunklen Triade immer Populärer geworden, gerade in Bezug auf die Führungsebene (Zeit Online Arbeit, 2019). Es leben viele „Toxiker" unter uns oder sind direkte Kollegen (Zeit Online, 2016). In wieweit hat die dunkle Triade einen Einfluss auf die Arbeitszufriedenheit, sind Personen die diese Persönlichkeitsmerkmale der dunklen Tirade in einem hohen Ausmaß erfüllen zufrieden mit ihrer Arbeit? Können sie jemals zufrieden sein oder rennen sie einem Wunschbild ihres Selbst hinterher? Diese Fragen haben mich dazu angeregt mein Master Thesis und das vorliegende Exposé über die Persönlichkeitsmerkmale der dunklen Triade in Bezug auf die Arbeitszufriedenheit zu schreiben.

Theoretischer Hintergrund

In diesem Kapitel wird auf das Konstrukt der dunklen Triade und die einzelnen Persönlichkeitsmerkmale eingegangen sowie den theoretischen Hintergrund der Arbeitszufriedenheit erläutert.

Paulhus und Williams sind die Väter der dunklen Triade und gaben ihr 2002 diesen geheimnisvollen und mystischen Namen, da sich alle drei Facetten mit einigen Merkmalen überschneiden und somit als bösartig und dunkel gelten. Alle drei Facetten, haben einen Punkt an dem sie sich überschneiden, der sogenannte gemeinsame Punkt der *niedrigen Verträglichkeit*. Siehe Ab-

bildung 1.

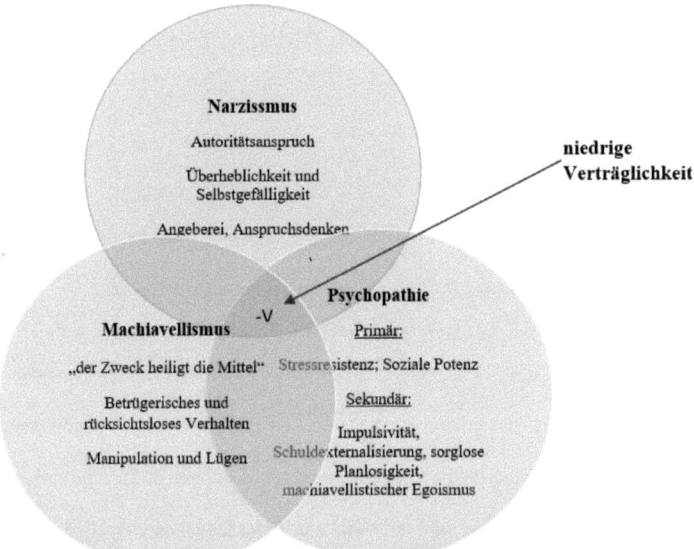

Abbildung 1: Die drei Facetten der dunklen Triade (Eigene Darstellung nach Furtner, 2017)

Paulhus und Williams 2002 postulieren, dass alle drei Persönlichkeitsmerkmale in unter-

schiedlichem Maße soziale böswillige Charaktereigenschaften mit Verhaltenstendenzen zu Ego-

zentrik, emotionaler Kälte sowie Aggressivität und Selbstdarstellung teilen. In Abbildung 2 wird die

Korrelation innerhalb der dunklen Triade unter den Facetten selbst sehr deutlich veranschaulicht.

Psychopathie und Machiavellismus korrelieren im mittleren Bereich bei r= .31. Narzissmus und

Machiavellismus wiederrum korrelieren mit einem schwachen bis mittelstarken Effekt im erkennba-

ren Bereich von r= .25. Die als stärkste der Interkorrelationen von allen in der dunklen Triade gilt,

ist die Korrelation zwischen Narzissmus und Psychopathie und liegt bei r= .50 (Paulhus & Willi-

ams, 2002).

4

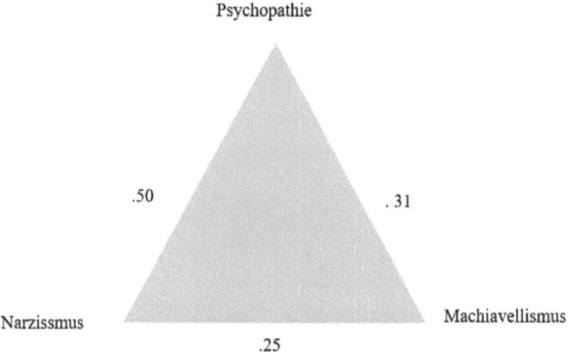

Abbildung 2: Interkorrelation zwischen Psychopathie, Narzissmus und Machiavellismus.

Anmerkung: p < .001 (zweiseitig) signifikant (*N*= 245) (Eigene Darstellung in Anlehnung an Paulhus &Williams, 2002)

Der Ursprung des Narzissmus ist umstritten, ist gibt viele unterschiedliche Theorien. Eine

davon ist, das Narziss aus der griechischen Mythologie die Liebe einer Nymphe ablehnt und an-

schließend mit unendlicher Selbstliebe bestraft wird und an dieser Strafe zugrunde geht (Extern-

brink & Keil, 2018). Narzissmus wird mit traits wie dem Mangel an Empathie, Egozentrizität, Emp-

findlichkeit, Entwertung, (Haller, 2013), leichter Kränkung, Selbstverliebtheit, Arroganz, Egoismus,

Neid, Tendenz zu Eingehen von Risiken, Selbstbewunderung, Überlegenheitsgefühl und Ichsucht

(Maaz, 2016) in Verbindung gebracht. 1898 konnte Henry Havelock Ellis, ein britischer Sexualfor-

scher erstmals eine Verbindung von Narzissmus in der Psychologie und der griechischen Mytholo-

gie ziehen. 1899 stellte Paul Näcke, ein deutscher Psychiater, die Selbstbewunderung und- Verliebt-

heit von Narzissten in den Vordergrund (zitiert nach Haller, 2013, S. 30). Sigmund Freud postu-

lierte 1910, dass Narzissmus eine Störung ist, wodurch der eigene Körper als Sexualobjekt betrach-

tet wird (zitiert nach Haller, 2013, S.30).

Eine weitere Facette der dunklen Triade ist der Machiavellismus. Der historische Ursprung

liegt weit zurück und lässt sich im 15. Jahrhundert verankern. Bestandteile dieses Persönlichkeits-

merkmals sind Manipulation, Zynismus sowie geringe moralische Zweifel (Christie & Geis, 1970).

1970 wurde der Begriff des Machiavellismus von Christie und Geis entwickelt. Grundlage dafür

waren verschiedene Werke von Machiavelli. Machiavellisten werden als manipulativ, ausbeute-

risch, zynisch und unfähig zwischenmenschliche Beziehungen zu führen, bezeichnet (Küfner,

Dufner & Back, 2014). Sie sind Experten darin, ihren eigen makellosen Ruf nach außen zu behalten und vor jeglichem Schaden zu schützen, dafür wenden sie strategische Taktiken an um den kleinsten Funken der Schwäche abzuwenden und nach außen hin zu glänzen (Jones & Paulhus, 2014, zitiert nach Shepperd & Socherman, 1997).

Mit Psychopathie wird die dunkle Triade komplettiert und als problematischster Faktor aller drei Eigenschaften gesehen (Paulhus & Harms 2001). Hare beschreibt 2005 Psychopathen als rücksichtslos und zu sinnloser Brutalität fähig. Sie benötigen keinen emotionalen motivierenden Anlass um Brutalität walten zu lassen. Charmante und selbstbewusste Züge lassen im ersten Moment nicht erahnen, dass das Gegenüber hohe Ausprägungen in Psychopathie erfüllt und machen Psychopathen umso gefährlicher. Manipulation als solches kann auch zu ihren Fähigkeiten gezählt werden (Cooke, Michie & Hart, 2006). Ein fehlendes Gewissen und die mangelnde Fähigkeit zu emotionalen Erfahrungen deuten auf einen inneren Fehler, laut Patrick (2006) und machen einen Psychopathen aus.

Abschließend lässt sich sagen, dass jedes Individuum kleine Teile der der einzelnen Facetten in sich wiederfindet, Fragmente dieser Facetten stellen keine Bedrohung dar. Die Konstrukte sind voneinander unabhängig, finden sich aber in der dunklen Triade im Kern der niedrigen Verträglichkeit (siehe Abbildung 1) zusammen.

Für Arbeitszufriedenheit lassen sich viele Definition heranziehen. Siemund 2013 beispielsweise definiert Arbeitszufriedenheit als Resultat eines Bewertungsprozesses. „Inwieweit individuelle Ansprüche, Bedürfnisse und Erwartungen durch die Bedingungen und Merkmale der Erwerbstätigkeit erfüllt bzw. befriedigt werden" (Siemund, 2013, S.106). Arbeitszufriedenheit entsteht somit aus der Bedürfnisbefriedigung heraus. Bei Arbeitszufriedenheit handelt es sich um eine Einstellung des Individuums zu seiner Erwerbstätigkeit. Das Individuum bewertet alles zwischen dem was ist und was sein soll und bezieht alle individuellen Bedürfnisse mit ein, ebenso diese, welche vom Umfeld attraktiv beeinflusst wurde und nicht nur die, welche die Person betreffen (Kirchler &

Hölzl, 2008, S. 243 – 244). Arbeitszufriedenheit ist als komplexes Konstrukt zu betrachten. Der zu verwende Fragebogen zur allgemeinen Arbeitszufriedenheit von Fischer und Lück (2014), beinhaltet unterschiedliche Facetten der Motivation welche zu Arbeitszufriedenheit führen kann.

Stand der Forschung und Hypothesenbildung

Obwohl es sich um ein noch junges Forschungsfeld handelt, gibt es bereits einige Studien die sich mit der dunklen Triade in Verbindung mit Arbeitszufriedenheit beschäftigt haben. Der Einfluss von einem Persönlichkeitsmerkmal auf die Arbeitszufriedenheit, losgelöst von der dunklen Triade konnte bereits von Mathieu und Babiak 2016 nachgewiesen werden. Mathieu und Babiak haben sich auf einen Teil der einzelnen Facetten konzentriert, den problematischsten aller drei Facetten, die Psychopathie. Eine vergleichbare Studie ist die von Jonason, Wee und Li (2015), welche den Einfluss der Persönlichkeitsmerkmale der dunklen Triade auf das Arbeitsklima und Arbeitszufriedenheit untersuchten. Alle Persönlichkeitsmerkmale korrelieren mit dem Arbeitsklima und der Arbeitszufriedenheit, am stärksten allerdings korreliert Narzissmus. Aus der zu Beginn erörterten Forschungsfrage, *Inwieweit hat die dunkle Triade Einfluss auf die Arbeitszufriedenheit*, lassen sich folgende Hypothesen formulieren.

H1: Personen mit einer hohen Ausprägung bei Narzissmus haben eine höhere Arbeitszufriedenheit als Personen die bei Narzissmus eine niedrige Ausprägung aufweisen.

H2: Personen mit einer hohen Ausprägung bei Psychopathie haben eine höhere Arbeitszufriedenheit als Personen die bei Psychopathie eine niedrige Ausprägung aufweisen.

H3: Personen mit einer hohen Ausprägung bei Machiavellismus haben eine höhere Arbeitszufriedenheit als Personen die bei Machiavellismus eine niedrige Ausprägung aufweisen.

Vorgehensweise der Untersuchung

Im folgendem Abschnitt wird das methodische Vorgehen beschreiben. Es werden die Stichprobe, das Untersuchungsdesign, sowie die geplante Durchführung und das zu verwendetet Untersuchungsmaterial kurz erläutert.

Beschreibung der Stichprobe und des Designs

Mittels dem Programm G*Power wird der Stichprobenumfang errechnet. Für die lineare multiple Regression unter der Annahme eines Signifikanzniveaus, einer Teststärke von 80% sowie einer mittleren Effektstärke von .15, errechnet G*Power einen Stichprobenumfang von $N = 77$ Versuchspersonen. Die Ausgabe dieser Berechnung zeigt Abbildung 3.

Die Stichprobengröße erscheint als zu gering, deshalb wird die Stichprobengröße für den weiteren Verlauf der empirischen Untersuchung an die Literatur angelehnt und auf $N = 136$ (Mathieu, Neumann, Hare & Babiak, 2014) festgelegt. Ziel es ist es für die Befragung nur volljährige Personen zu befragen und unter 18 jährige nachträglich auszusortieren. Da das vorliegende Exposé die Grundlagen für die folgende Masterarbeit bildet und diese den Einfluss der dunklen Triade auf die Arbeitszufriedenheit untersucht, richtet sich der Fragebogen ausschließlich an berufstätige Personen, bzw. mit bereits vorhandener Berufserfahrung. Eine Teilnahme von nicht berufstätigen Personen müssen im Nachgang ausgeschlossen werden. Es werden einige soziodemographische Daten wie Alter, Geschlecht, Beruf, Position im Unternehmen, Angestellt oder Freiberuflich sowie der Bildungsstand abgefragt um eine aussagekräftige Verteilung über unterschiedliche Branchen, heterogene Altersgruppen und eine ausgewogene Geschlechterverteilung zu erhalten.

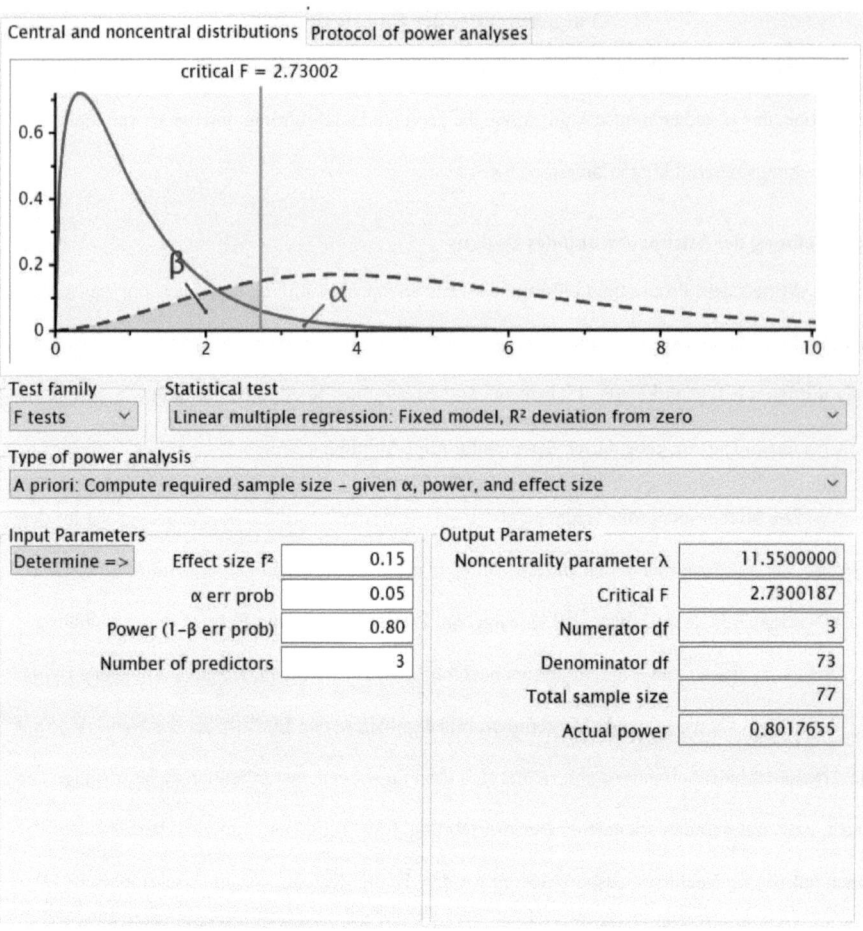

Abbildung 3: Ermittlung des Stichprobenumfangs (Ausgabefenster, G*Power, 2020)

Für die folgende empirische Untersuchung wird ein Regressionsdesign gewählt, da die multiple lineare Regression der Hauptbestandteil des statischen Verfahrens sein wird. Im folgenden Regressionsdesign wird untersucht wie sich die einzelnen Bestandteile der dunklen Triade sich auf die Arbeitszufriedenheit der deutschen Berufstätigen auswirkt.

Beschreibung der Durchführung und des Untersuchungsmaterials

Dieser Abschnitt behandelt die geplante quantitative Datenerhebung. Es werden die zu verwendeten Fragebögen zur Messung der dunklen Triade und der Arbeitszufriedenheit vorgestellt.

Für die Erhebung der Daten wird ein Fragebogen auf soscisurvey erstellt, welcher beide Konstrukte abprüft. Vor der offiziellen Schaltung des Fragebogens wird ein Pre-Test erstellt und Rücksprache mit dem Betreuer über mögliche Verbesserungen gehalten. Nach der Pre-Test-Phase wird der Fragebogen in unterschiedlichen Netzwerken online geschalten und mit einer Laufzeit von min. 4 Wochen.

Zur Messung der dunklen Triade wird der TOP „Dark Triad of Personality at Work", ein validierter Fragebogen von Schwarzinger und Schuler (2016), herangezogen. Der TOP umfasst 60 Items und bildet 3 Hauptskalen, Narzisstische Arbeitshaltung, Machiavellistische Arbeitshaltung und Psychopathischen Arbeitsstil ab, sowie 11 Subskalen. Die 11 Subskalen setzten sich wie folgt zusammen. Führungsanspruch mit 7 Items, Überzeugungsglaube mit 9 Items, Autoritätsbedürfnis mit 4 Items, Risikofreude mit 3 Items, Überlegenheitsgefühl mit 8 Items, Unsentimentalität mit 5 Items, Durchsetzungsglaube mit 7 Items, Skepsis mit 5 Items, Flexibilität mit 5 Items, Impulsivität mit 3 Items und zuletzt Beschönigung mit 4 Items. Alle Skalen zusammen bilden die dunkle Triade, mittels einer 7-stufigen Ratingskala (linksgerichtet von „trifft gar nicht zu" nach rechts aufsteigend bis „trifft voll zu"). Zur Erhebung der Arbeitszufriedenheit wird der Fragenbogen von Fischer und Lück (2014) verwendet. Es handelt sich ebenfalls um einen bereits validierten Fragenbogen welcher sich auch 37 Items zusammensetzt und 4 Dimensionen (Selbstverwirklichung, Resignation, Zufriedenheit mit der Bezahlung, Einschätzung der Firma) zusammensetzt. Die Arbeitszufriedenheit nach Fischer und Lück (2014) wird mittels einer 5-stufigen Likertskala gemessen. Ein Item lautet beispielsweise: „Ich würde meinen Arbeitsplatz sofort wechseln, wenn ich eine andere Arbeit bekäme". Es werden unteranderem soziodemographische Daten, wie Alter, Geschlecht, Bildungsstand, Beruf und Position im Unternehmen, sowie Angestellten Verhältnis oder Freiberuflich abgefragt.

Erwartete Ergebnisse

Auf Grundlage der vorangegangen Studien (Mathieu & Babiak, 2016) und (Mathieu, Neumann, Hare & Babiak, 2014) wird davon ausgegangen, dass die Forschungsfrage, *Inwieweit hat die dunkle Triade einen Einfluss auf die Arbeitszufriedenheit* hat, so zu beantworten ist, dass es positive Zusammenhänge der dunklen Triade und der Arbeitszufriedenheit bei den deutschen Berufstätigen gibt. Es ist anzunehmen, dass Narzissmus am deutlichsten positiv mit Arbeitszufriedenheit korrelieren wird. In Anlehnung an die Forschung, wird von folgenden Ergebnissen ausgegangen. Ein größerer Prozentanteil der Männer wird eine höhere Ausprägung bei Narzissmus und Arbeitszufriedenheit haben. Insgesamt ist davon auszugehen, dass alle Bestandteile und das Konstrukt der dunklen Triade selbst einen positiven Einfluss auf die Arbeitszufriedenheit haben wird. Machiavellismus und Psychopathie werden positiv mit Arbeitszufriedenheit korrelieren, allerdings nicht so stark, verglichen mit Narzissmus (Jonason, Wee & Li, 2015).

In der Masterarbeit wird im Weitern darauf eingegangen werden, wie spezifische Maßnahmen daraus abgeleitet werden kann, wenn ein Einfluss der dunklen Triade auf die Arbeitszufriedenheit nachgewiesen werden kann.

Vorläufige Gliederung der Arbeit

Abstract

1. Einführung

    1.1. Hinführung zum Thema

    1.2. Vorgehensweise und Gang der Arbeit

    1.3. Theoretische Grundlagen und aktueller Stand der Forschung

        1.3.1. Definition Narzissmus

        1.3.2. Definition Machiavellismus

        1.3.3. Definition Psychopathie

        1.3.4. Zusammenhang des gesamten Konstruktes der dunklen Tirade

        1.3.5. Definition Arbeitszufriedenheit

    1.4. Forschungsfrage und Ableitung der Hypothesen

2. Vorgehensweise der Untersuchung

    2.1. Geplante Stichprobe

    2.2. Untersuchungsdesign

        2.2.1. Eingesetzte Messinstrumente

        2.2.2. Versuchsablauf

    2.3. Geplante Datenaufbereitung

3. Ergebnisse

    3.1. Erzielte Stichprobe

    3.2. Datenaufbereitung

    3.3. Deskriptive und Inferenzstatistische Auswertung

    3.4. Überprüfung der Hypothesen

4. Diskussion

    4.1. Schlussfolgerung und Interpretation

    4.2. Zielerreichung der Arbeit

    4.3. Ausblick

Literaturverzeichnis

Anhänge

Zeitplan

Monat	Woche	Zielsetzung
1. Monat	1. Woche	Orientierung und Planung; Rücksprache mit dem Betreuer bzgl. des Exposés
	2.-3. Woche	Literaturrecherche und finale Themenausformulierung; Planung der Erhebung und Rücksprache mit dem Betreuer
	4. Woche	Fragebogen Erstellung in einem Online Tool & Pretest schalten; nach Rücksprache mit dem Betreuer abschließende Überarbeitung d. empirischen Erhebung
	4. Woche	Anmeldung der Masterarbeit
2.Monat	1. Woche	Schaltung des Fragebogens mit mind. 4 Wochen Laufzeit, Weitere Literaturrecherche und der Gliederung & Rohfassung der theoretischen Grundlagen und methodischen Vorgehen
	2. Woche	weitere Literaturrecherche und Erstellung der Gliederung & Rohfassung der theoretischen Grundlagen und methodisches Vorgehen
	3.-4. Woche	Einarbeitung in das Programm SPSS und in die zu verwendenden statistischen
3. Monat	1.-2. Woche	Datenaufbereitung; Überarbeitung der theoretischen Grundlagen und methodisches
	3.-4. Woche	Datenauswertung deskriptiver und induktiver Statistik mittels SPSS & graphische Darstellung der Ergebnisse; Rohfassung des Ergebnisteils
4. Monat	1. Woche	Rohfassung der Handlungsempfehlungen
	2. Woche	Rohfassung der Diskussion
	3. Woche	Rohfassung des Fazit und der Limitation der Arbeit
	4. Woche	inhaltliche Überarbeitung aller Teile
5. Monat	1.-2. Woche	Überarbeitung und Formatierung der Arbeit; Korrekturlesen durch
	3. Woche	Fehler ausbessern & Formatierung der Korrekturen vornehmen
	3. Woche	erneutes Korrekturlesen und Gegencheck der überarbeiten Formatierungen
	4. Woche	Drucken und binden der Arbeit; Dateien zusammenstellen
	4. Woche	Abgabe der Masterarbeit

Tabelle 1: tabellarischer Zeitplan (Eigene Darstellung)

13

Reflexion des Vorhabens

Es folgt nun die Reflexion dieses Exposés. Besonders schwierig war für mich die Themen-findung für das Exposé. Ich habe mich diesbezüglich selber sehr stark unter Druck gesetzt, denn ich wollte ein Thema welches interessant und ausreichend umfangreich für die Masterarbeit ist. Ich stand mir lange deswegen selber im Weg und konnte mich nicht auf ein Thema einigen. Leider war das sehr zeitaufwendig für mich, dass ich das Modul „Wirtschaftspsychologische Forschung" be-reits zwei Mal belegt habe. Ich konnte mich im zweiten Anlauf auf ein Thema festlegen und bin froh über meine Wahl. Ich finde das Themengebiet sehr interessant, gerade deshalb da es aktuell immer mehr an Popularität gewinnt. Im Nachhinein betrachtet bin ich mit der Themenauswahl und die daraus entstanden Forschungsfrage sehr zufrieden. Obwohl das Forschungsgebiet noch relativ jung ist, gibt es einige Studien die sich mit Bestandteilen meiner Forschungsfrage beschäftigen. So-mit lassen sich diese Studien gut als Literatur und Hilfestellung für die eigene Arbeit heranziehen. Was mir weiterhin Sorge bereitet ist der Statistik Teil der Arbeit und die daraus resultierende Da-tenauswertung. Wichtig ist für mich, dass ich mich im Vorfeld intensiv mit der Statistik auseinander setzten muss und mich mit den unterschiedlichen Statistikprogrammen wie SPSS auseinandersetz-ten muss, damit mir dies nicht in der Bearbeitung der Masterarbeit zu viel Zeit kostet. Zusammen-fassend muss ich sagen, dass das Modul „Wirtschaftspsychologische Forschung" sehr hilfreich ist, um über den Verlauf der Masterarbeit aufzuklären. Allerdings finde ich, dass dem Modul mehr Un-terrichtseinheiten zugesprochen werden sollte. Man muss sich in der 2. Vorlesung bereits für ein Thema entschieden haben, dass löst einen enormen Druck bei den Studierenden aus.

Literaturverzeichnis

Avantgarde, (2016). *Arbeit trifft auf Glück*. Abgerufen am 29.11.2019, von https://www.avantgarde-experts.de/sites/default/files/studie/AVANTGARDE-Experts-Studie-zur-Arbeitszufriedenheit.pdf

Christie, R. & Geis, F.L. (1970). *Studies in machiavellism*. New York: Academic Press.

Cooke, D. J., Michie, C. & Hart, S. D. (2006). Facets of clinical psychopathy. In C.J. Patrick (Hrsg.), *Handbook of psychopathy* (S- 91-106). New York: Guilford Press

Externbrink, K., Keil, M. & Bierhoff, H.-W. (2018). *Narzissmus, Machiavellismus und Psychopathie in Organisationen. Theorien, Methoden und Befunde zur dunklen Triade*. Wiesbaden: Springer.

Fischer, L. & Lück, H.E. (2014). *Allgemeine Arbeitszufriedenheit. Zusammenstellung sozialwissenschaftlicher Items und Skalen*. doi:10.6102/zis1

Freud, S. (2014). *Zur Einführung des Narzißmus*. Gesammelte Werke (X). Frankfurt: Fischer.

Furtner, M. (2017). *Dark Leadership. Narzisstische, machiavellistische und psychopathische Führung*. Wiesbaden: Springer Gabler.

Haller, R. (2013). *Die Narzissmusfalle: Anleitung zur Menschen- und Selbstkenntnis*. Salzburg: Ecowin Verlag.

Jones, D. N., Paulhus, D. L. (2014). Introducing the short dark triad (SD3): A brief messeaure of dark personality traits. *SAGE Journals, 21, 28-41*. doi.org/10.1177/1073191113514105

Kirchler, E. & Hölzl, E. (2008). Arbeitsgestaltung. In Kirchler (Hrsg.), *Arbeits- und Organisationspsychologie* (S. 243 – 244). Wien: Facultas

Küfner, A. C. P., Dufner, M., & Back, M. D. (2014). Das Dreckige Dutzend und die Niederträchtige Neun. *Diagnostica, 2014*, 76-91. doi: 10.1026/0012-1924/a000124

Maaz, H.-J. (2016). *Die narzisstische Gesellschaft: Ein Psychogramm* (5. Auflage 2016, unveränderte Taschenbuchausgabe 2014). München: dtv.

Mathieu, C. & Babiak, P. (2016). Corporate psychopathy and abusive supervision: Their influence on employees' job satisfaction and turnover intentions. *Personality and Individual Differences 91 (2016) 102–106.* doi: 10.1016/j.paid.2015.12.002

Mathieu, C., Neumann, C. S., Hare, R. D. & Babiak, P. (2014). A dark side of leadership: Corparate psychopathy and its influence on employee well-being and job satisfaction. *Personality and Individual Differences 59 (2014) 83–88.* doi: 10.1016/j.paid.2013.11.010

Mink, N. (2018). Engagement Index Deutschland 2018. Pressegespräch. Von https://www.gallup.de/183104/engagement-index-deutschland.aspx

Paulhus, L. D., Williams, K. M. & Harms, P. (2001). Shedding light on the dark of personality: Narcissism, machiavellianism, and psychopathy. University of British Columbia

Paulhus, L. D. & Williams, K.M. (2002). The dark triad of personalitiy: Narcissism, machiavellianism, and psychopathy. *Journal of research in personality. 36, 556-563.* doi.org/10.1016/S0092-6566(02)00505-6

Siemund, S. (2013). *Arbeitszufriedenheit in der Zeitarbeit. Eine pädagogische Analyse* [E-book]. doi: 10.1007/978-3-658-00200-8

Schwarzinger, D. & Schuler, H. (2016*). Dark Triad of Personality at Work (TOP).* Göttingen: Hogrefe

Twenge, J. M. & Capbell, W. K. (2013). *The narcissism epidemic: Living in the age of entitlement.* New York, London, Toronto, Sydney, New Delhi: Atria Paperback.

Zeit Online Arbeit, (2019). *„Narzissten trauen wir Führungspotenzial zu ".* Abgerufen am 25.01.2020, von https://www.zeit.de/arbeit/2019-10/tomas-chamorro-premuzic-psychologe-maenner-karriere

Zeit Online, (2016). *"Führungskräfte haben selber Angst vor denen ".* Abgerufen am 25.01.2020, von https://www.zeit.de/karriere/beruf/2016-06/mobbing-kollegen-manipulation-hilfe-tipps